Bei Oma gibt's Fisch mit Stäbchen

Kinder über Essen und Trinken

KINDERMUND

Herausgegeben von Birgit Apitzsch

Aufgeschrieben und illustriert von Kindern aus Lübeck:
Aljosha, Finn, Gina, Hannah, Jessica, Jule, Mikhele, Nora, Ragna, und Saskia Lee.
Wir bedanken uns bei Birgit Apitzsch, die mit den Kindern
die Bilder und Handschriften erarbeitet hat.

Neuer Europa Verlag
Leipzig

Oma mag gern rumkugeln

Opa kriegt am liebsten Eisbein.

Mama braucht kein Rezept. Sie kocht mit Gefühl.

Bei Papa in der Firma heißt das Essen Kantine.
Rot-wein

Hühnerfrikassee heißt
bei uns gesprengtes
Huhn
Bei Oma gibt es keine verlorenen Eier
Oma weiß, wie sie sie hinpackt

Kühe haben die Brust zwischen den Beinen hängen. Das nennt mann Euter.

chinesen kennen keine Gabeln,
die machen alles mit Stäbchen.

Chikoree sind Indianer.

Im Urlaub waren wir in einer Stadt,
da stand ein großer Turm, und die
Leute liefen mit langen Broten drumm
herum.

In Schottland pusten die Männer ihren Nudelsack.

20c°
Immer nur essen in der Dose
ist ungesund

Reis wächst in der Tüte,
damit er nicht raus Fällt

Hühner eiern so lange, bis sie gegrillt werden.

Papa tankt Diesel und ich Weingummi

Bismarck war ein berühmter Hering.

Königsberger Kläpse sind fette Könige.

Orangensaft mag ich nur mit ohne Stücke.

h!
Peperoni sind mir zu Schaf.

Im Kindergarten gibt es manchmal meistens Fischstäbchen. Alle kriegen drei.

Austern essen reiche Leute, die glibberlich sind.

Oma kocht
Leipziger Allerlei
mit Schnorcheln

Ragout feng ist eine Kampfsportart.

Big Boy
1,50
Zuckerwatte ist eine
Wolke mit Stiel

Möpse werden gerollt,
weil sonst die
Gurke nicht hält.

QUARK
Fröschemachen QUARK

Der Kellner schreibt alles auf und bringt es hinterher.

Pickenick ist eine große Decke,
alle sitzen da und essen mit den
Fingern aber ohne Tisch.

Ohne Heringe kann man nicht Zelten.

Wir brauchen keine Biotonne. Unsere
Schweine fressen die Reste.

Im Supermarkt kauft Mama in der Käseapotehke

Schwarzwälder Kirschtorte gibt es, wenn Oma
Geburtstag hat. Sie ist schon ganz alt und
oben drauf klebt solche komische Kirsche

Verliebte essen mit Kerzen.

Gorgonzola ist verschimmelt.

Bei uns im Blumentopf wächst Kapuzenkresse

Im Winter wächst der Salat in
Zughäusern
Ich verschrum-
pel!

5
Sportler laufen an schnellsten mit Kohlehydranten

Mais kommt vom Feld.
Und die Kerne heißen
Popcorn.
Popcorn geht nicht ohne
Deckel.

Crepes sind platte Pfann-
kuchen.
Spaghettiträger sind Leute, die
Essen verteilen.

Ein Blätterteich ist ein Teich, wo viele Bäume drummrumm stehen.
Rosenkohl ist ein Kinderhasseressen

Ein Baumkuchen ist doch eigentlich ein Turmkuchen.

Oliven sind
gut sum Spuken

Fliegen ist besser als Bus fahren, weil es da Kino und Essen gibt.

Ein Raclette ist ein
Fahrrad, auf dem
viele Leute sitzen

Riesen essen mit Astgabeln
weil die größer sind

Steinpilze sind garnicht aus Stein

Weihnachten machen wir Lammraten.

Hunde tragen
Maultaschen

Kennen Sie ein schönes Zitat aus Kindermund?

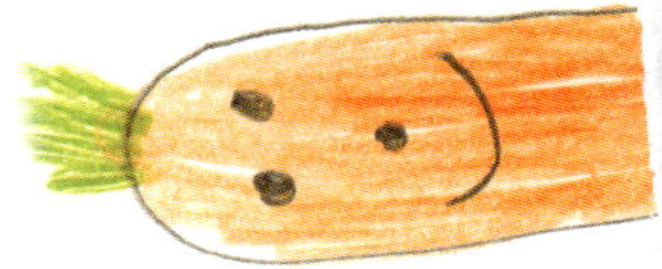

Bitte an: Neuer Europa Verlag, Nikolaistraße 33-37, 04109 Leipzig,
kindermund@neuer-europa-verlag.de

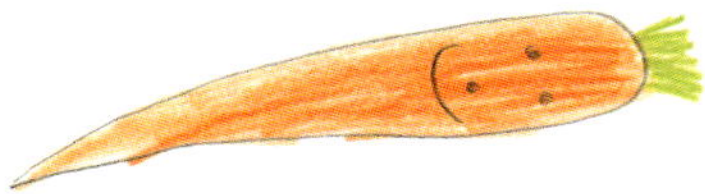

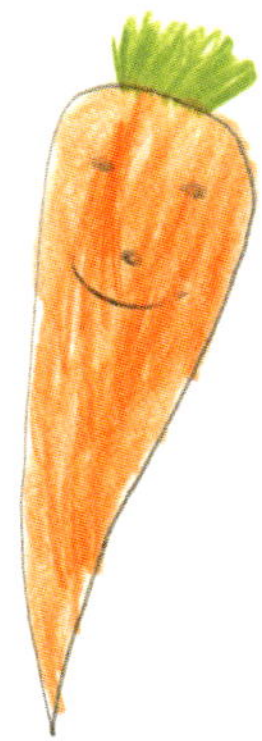

Die Deutsche Nationalbibliothek verzeichnet diese Publikation in der Deutschen Nationalbibliografie; detaillierte bibliografische Daten sind im Internet über http://dnb.d-nb.de abrufbar.

Gestaltung & Umschlag: Ulrich Münster
Druck & Bindung: CPI Moravia Books s.r.o.
Printed in Czech Rebublic
ISBN: 978-3-86695-461-8

Informationen über unser Programm erhalten Sie beim Neuen Europa Verlag, Nikolaistraße 33-37, 04109 Leipzig, oder unter www.neuer-europa-verlag.de